AF259843

EXTRAIT DE LA COLLECTION

DES MÉMOIRES

RELATIFS

A LA RÉVOLUTION FRANÇAISE.

PRÉCIS HISTORIQUE

DES ÉVÉNEMENS QUI SE SONT PASSÉS

DANS LA SOIRÉE

DU NEUF THERMIDOR.

PARIS. — IMPRIMERIE DE FAIN, RUE RACINE, N°. 4,
PLACE DE L'ODÉON.

PRÉCIS HISTORIQUE

DES ÉVÉNEMENS QUI SE SONT PASSÉS

DANS LA SOIRÉE

DU NEUF THERMIDOR,

ADRESSÉ AU MINISTRE DE LA GUERRE,
LE 3o FRUCTIDOR AN X,

PAR C. A. MÉDA,

ANCIEN GENDARME,
COMMANDANT DE L'EXPÉDITION CONTRE LA COMMUNE DE PARIS;

AVEC

UNE NOTICE SUR LA VIE DE L'AUTEUR,

MORT GÉNÉRAL DE BRIGADE, BARON, ET COMMANDANT DE LA LÉGION-D'HONNEUR,

PAR M. J. J. B***,

AVOCAT A LA COUR ROYALE DE PARIS.

Orné du Portrait de Méda.

PARIS.

BAUDOUIN FRÈRES, ÉDITEURS,

RUE DE VAUGIRARD, n°. 36.

1825.

NOTICE HISTORIQUE

SUR LA VIE

DE CHARLES-ANDRÉ MÉDA.

CHARLES-ANDRÉ MÉDA appartenait à une famille de Paris connue dans le commerce.

Ayant, dès son enfance, montré du goût pour l'état militaire, il entra, à l'âge de dix-sept ans, dans la garde constitutionnelle de Louis XVI.

Au 20 juin 1792 il était de garde aux Tuileries. La horde révolutionnaire, à laquelle il disputait l'entrée des appartemens, l'entraîna dans le jardin., et allait le sacrifier à sa fureur, lorsqu'un de ses parens arriva à la tête d'un détachement de gendarmerie, et le sauva en disant avec une rare présence d'esprit : « Gendarmes, arrêtez cet homme : c'est un scélérat dont j'ai depuis long-temps le signalement; il périra sur l'échafaud avec ses complices. »

Après le 10 août, Méda, pour sauver sa vie, entra dans un escadron de gendarmerie composé presque entièrement des hommes du 14 juillet, où il fut surnommé *Veto* par ses camarades ; son opinion, qu'il ne put pas toujours renfermer au fond de son cœur, l'y exposa à des désagrémens sans nombre et souvent à de grands dangers.

Enfin le 9 thermidor arriva. Méda vit qu'il était possible de renverser les hommes sanguinaires qui opprimaient la France ; il s'arma contre eux sans balancer et les poursuivit sans relâche jusque dans leurs derniers retranchemens.

Ici se présente un spectacle peu commun dans l'histoire : on voit un soldat sortir de la foule et s'élever tout d'un coup à la hauteur d'un homme habitué depuis long-temps au commandement. On le voit réparer toutes les fautes des hommes auxquels il était destiné à obéir ; enfin, on le voit décider, en quelques instans, par sa prudence et par son courage, une des journées les plus importantes de notre histoire. Qu'on examine avec attention tout ce qu'a fait Méda dans cette journée si féconde en événemens, et l'on en conviendra sûrement avec nous : c'est à lui, à lui seul que la France en doit tout le succès ; et si ceux qui tenaient à cette époque les rênes du gouvernement ont été justes, ils doivent avoir décerné des récompenses extraordinaires à un homme qui avait tant fait pour sa patrie. On va voir quelle récompense il en reçut.

Méda fut présenté à la Convention dans la matinée du 10 thermidor, ainsi qu'on peut le voir

au *Moniteur* et dans tous les journaux du temps ;
mais de quelle manière le fut-il ? Si Léonard
Bourdon, sous les yeux duquel il avait agi, eût
voulu dire toute la vérité, il l'eût présenté comme
un homme qui avait conçu, qui avait dirigé, qui
avait même exécuté, presque seul, une grande entreprise dont personne n'aurait osé croire la fin si
prochaine ; mais ce représentant ne put résoudre
son amour-propre à un pareil sacrifice ; et, s'at-
tribuant sans pudeur tout l'honneur de cette journée, il ne présenta Méda que comme un brave
soldat qui avait bien exécuté ses ordres. Méda fut
très-sensible à cette injustice ; peu s'en fallut même
qu'il ne réclamât publiquement contre un pro-
cédé aussi déloyal : cependant il ne l'osa pas. Il
faut le dire aussi : ce qui contribua beaucoup à
l'empêcher de faire éclater son ressentiment, ce
furent les bonnes dispositions dans lesquelles la
Convention paraissait être à son égard ; ce fut
l'espoir de voir bientôt ses services dignement ré-
compensés par cette assemblée. Mais laissons-le
détailler lui-même toutes les marques de reconnaissance qu'il reçut de tous ces hommes auxquels
il venait de sauver la vie, ainsi qu'il l'a fait dans
un *post-scriptum* joint à son Précis, et que nous
n'avons pas cru devoir conserver, parce qu'il ne
contient que quelques faits purement personnels
qui trouveront plus naturellement ici leur place.

« Les coups que j'avais reçus à la tête où beaucoup de sang s'était extravasé, m'obligèrent à me faire saigner et à garder le lit pendant plusieurs jours. Lorsque je fus guéri, j'allai au comité de salut public pour savoir ce qu'il comptait faire en ma faveur. Billaud-Varennes et Collot-d'Herbois, auxquels je m'adressai d'abord, m'écoutèrent peu et me semblèrent même fâchés contre moi. J'allai trouver, à la section de la guerre, le citoyen Carnot qui me demanda la place que je voulais, et que j'avais, dit-il, si bien méritée. Un de ses secrétaires, nommé Audouin, voulait me nommer adjudant général. J'observai que j'étais encore bien jeune et sans connaissances pour être général; que je désirais auparavant m'instruire dans l'état-major de l'armée du Nord, commandée par le général Pichegru. — Hé bien, c'est bon, mon ami, me dit le citoyen Carnot; nous arrangerons cela : reviens dans quelques jours.

» Quel fut mon étonnement de me voir nommé, deux jours après, sous-lieutenant au cinquième régiment de chasseurs à cheval! J'allai aussitôt au comité de salut public pour lui faire connaître que je n'acceptais point cette place, attendu que j'en espérais une plus avantageuse dans mon corps. —Tu es bien hardi, me dit Billaud-Varennes, de ne pas vouloir de cette place; n'est-elle pas assez bonne pour toi? Tu es nommé, pars pour ton régiment; sinon tu seras considéré comme officier suspect et traité comme tel.

» Ce discours m'attéra. J'allai trouver le citoyen Carnot ; je lui rappelai ses promesses : — Que veux-tu ? me dit-il, je ne suis pas le maître : ils t'en veulent beaucoup. Crois-moi, pars promptement pour ton régiment ; tu réclameras plus tard.

» Je lui observai alors qu'étant simple gendarme je ne pouvais pas m'équiper à mes frais ; et, sur sa demande, le comité m'autorisa à prendre dans les magasins de la République tout ce qui me serait nécessaire pour mon armement et mon équipement, mais à charge, par moi, de le payer par une retenue mensuelle sur mes appointemens. »

Voilà donc la récompense que Méda reçut pour les services immenses qu'il avait rendus à son pays dans la journée du 9 thermidor ! Il fut nommé sous-lieutenant par une assemblée qui ne s'était jamais astreinte à aucune règle dans la distribution des honneurs militaires, et qui avait tiré les Santerre, les Ronsin, les Henriot, et tant d'autres, des derniers rangs de l'armée pour les élever tout d'un coup au grade de général en chef (1). Encore se

____

(1) Il faut rendre justice à qui elle appartient. Ce n'est point par l'ordre de la Convention, c'est même contre le vœu de cette assemblée que cette injustice fut commise par le comité de salut public. La conduite de ce comité tient à des circonstances aujourd'hui bien connues. Pour faire le 9 thermidor, le parti de la Montagne avait été obligé de se rappro-

fût-il estimé heureux si, après lui avoir donné cette chétive récompense, on eût bien voulu l'oublier ensuite et le laisser parcourir sans obstacle une carrière dans laquelle ses talens et son courage lui assuraient des succès rapides ; mais , à l'accueil qu'il reçut de quelques-uns de ses chefs, révolutionnaires exaltés, il ne s'aperçut que trop qu'on ne l'avait point oublié, et il put craindre que la haine des partisans de Robespierre ne le poursuivît pendant toute sa vie et ne lui fermât tout avancement.

Cependant il eut, au bout de quelques mois,

---

cher du parti modéré qu'il avait opprimé jusqu'alors, et il en était résulté un événement que l'on n'aurait osé espérer, c'est que ce dernier parti, dont le courage s'était retrempé dans ce moment de crise, n'avait plus voulu se soumettre à ses anciens dominateurs, après avoir vaincu avec eux, et avait pris le dessus dans la Convention. Mais si le parti modéré fut, dès l'origine, assez fort pour empêcher ses anciens ennemis de reprendre en grand l'exécution de leur affreux système, il ne le fut point assez pour les empêcher de se livrer à mille vexations particulières, à mille injustices de détail dans les comités et les administrations qu'ils remplissaient seuls depuis deux ans, et où leur habitude des affaires les rendait assez difficiles à remplacer ; ce ne fut que longtemps après que la Convention parvint à se délivrer de tous ces hommes qui, dès le 10 thermidor, regrettaient déjà hautement d'avoir frappé un chef qui pouvait bien leur donner la mort, mais qui ne leur eût peut-être jamais ôté les habitudes féroces dont ils s'étaient fait un besoin. (*Note de l'éditeur.*)

un rayon d'espoir. Il apprit que la Convention avait commencé à chasser les Jacobins des administrations à la suite des événemens de germinal et de prairial an III. Du fond de la Hollande, où il était alors, il écrivit aussitôt à Carnot pour lui rappeler ses promesses; mais il n'en obtint même pas de réponse (1).

En l'an V, il obtint un congé et vint à Paris. Il vit Tallien qui le reconnut et le présenta au Directoire. Le directeur Barras, qui avait pu mieux que personne apprécier ses services au 9 thermidor, fâché de l'oubli dans lequel on l'avait laissé, voulait le nommer chef d'escadron; mais le ministre de la guerre Schérer s'y opposa en rappelant au Directoire qu'il s'était ôté, par un précédent arrêté, la faculté de nommer à aucun grade supé-

(1) Il n'y eut, en l'an III, qu'un petit nombre de Jacobins expulsés : ce n'est qu'après les événemens du mois de prairial an IV, que la Convention en purgea tout-à-fait les administrations. Quant à Carnot, son silence ne tenait pas seulement à la multitude des affaires; il tenait encore à une autre cause. Carnot, qui ne s'était occupé que des opérations militaires pendant tout le temps de la terreur, et auquel on n'avait prêté aucune part dans les horreurs commises par le comité de salut public, Carnot s'était laissé entraîner par un inconcevable mouvement de générosité, au point de réclamer la solidarité avec ses indignes collègues, lorsqu'il les avait vus attaquer dans la Convention. Dans cette nouvelle situation il n'avait garde de tenir les promesses qu'il avait faites à ceux que ses anciens amis poursuivaient de leur haine. (*Note de l'éditeur.*)

**

rieur : en conséquence, il fut seulement nommé capitaine à la suite au douzième régiment de chasseurs à cheval.

Méda fit dans ce grade plusieurs campagnes ; mais ce fut en vain qu'il y déploya toutes les qualités qui constituent un bon officier : ce fut en vain qu'il fit des prodiges de valeur aux avant-postes du camp de Bâle qu'il commandait en l'an VIII ; ce fut même en vain que le général Moreau le recommanda au gouvernement de la manière la plus honorable : il était écrit que chaque grade serait pour lui le prix de plusieurs années de patience. Ce ne fut qu'en l'an IX, sous le consulat, qu'il obtint de l'avancement en passant chef d'escadron au septième de hussards.

C'est à cette époque qu'il composa son *Précis historique du 9 thermidor*. Il crut devoir l'adresser au ministre de la guerre et lui demander la permission de le faire imprimer ; mais, par suite du système que le chef du gouvernement consulaire s'était fait au sujet de la presse, et dans lequel nous l'avons vu persévérer jusqu'à sa chute avec tant d'opiniâtreté, cette permission lui fut refusée ; et, pendant tout le temps qu'ont duré le consulat et l'empire, cet ouvrage n'a pu être connu que d'un très-petit nombre de parens et d'amis de l'auteur (1).

____

(1) Ayant eu dans le temps connaissance de l'ordre qui

Méda fut nommé commandant de la Légion-d'Honneur en 1804, colonel du premier de chasseurs en 1806, baron de l'empire en 1808, et il y a tout lieu de croire qu'il fût parvenu rapidement à de plus grands honneurs, s'il eût pu se plier aux habitudes de la nouvelle cour; mais il fut oublié ainsi que tous les officiers qui se bornèrent à laisser parler leurs services; il était encore colonel du premier de chasseurs, après six ans de grade, lorsque la campagne de Russie s'ouvrit.

Il fit cette campagne comme il avait fait celles de Marengo, d'Austerlitz, d'Iéna, de Wagram; comme il avait fait toutes ses campagnes, avec la plus grande distinction. Par l'accueil flatteur qu'il recevait de ses chefs, il pouvait compter cette fois sur un avancement prochain; mais il était arrivé au terme de sa carrière. Il eut une jambe emportée par un boulet de canon à la bataille de la Moskowa, dans une charge brillante qu'il faisait à la tête de son régiment, et après avoir vécu assez long-temps

---

avait été donné à Méda au sujet de ce précis, et ne l'ayant pas vu pendant les dernières années de sa vie que son service l'a obligé de passer dans les pays étrangers, nous craignions que cet ouvrage ne fût perdu pour toujours; mais nous en avons retrouvé récemment une copie entière de sa main dans des feuilles dispersées au milieu d'une foule de papiers qu'il avait laissés à sa famille il y a plus de vingt ans, et c'est ce manuscrit authentique que nous livrons à l'impression.

(*Note de l'éditeur.*)

encore pour apprendre qu'il était nommé général de brigade, il mourut au milieu des chants de victoire que ses compagnons d'armes faisaient encore entendre, mais pour la dernière fois.

Ainsi périt, à la fleur de l'âge, un homme que la nature avait destiné aux plus grandes choses, et qui eût certainement atteint les plus hautes dignités militaires, si la haine des partisans de la terreur ne l'eût pas retenu dans les derniers rangs de l'armée pendant tout le temps de la Révolution ; mais, s'il n'a pu parvenir au faîte des honneurs dans sa carrière, s'il n'a pu attacher son nom à quelques-unes de ces grandes journées qui font aujourd'hui l'orgueil de tant de familles, il n'en vivra pas moins dans la postérité. Tous les bons Français, tous les amis de l'humanité prononceront toujours avec reconnaissance le nom du héros du 9 thermidor !

AVANT-PROPOS.

L'auteur de cet ouvrage, parlant à des hommes qui avaient vu comme lui le 9 thermidor, ne devait leur dire, et ne leur a dit en effet, que ce qu'il y avait fait ou vu par lui-même ; mais vingt-deux ans se sont écoulés depuis que cet ouvrage est écrit : peu de personnes se souviennent aujourd'hui des hommes et des choses qu'il rappelle. Nous croyons que les lecteurs seront bien aises de trouver ici en raccourci les principaux traits d'une journée si importante dans les fastes de la Révolution, et nous allons leur présenter quelques observations sur ces causes et ses effets immédiats.

La France gémissait depuis quatorze mois sous le régime de la terreur, lorsque Robespierre, qui s'était emparé de la direction de cet odieux système, sembla vouloir faire prendre à la Révolution une route nouvelle. Le nombre des échafauds ne diminuait point, et chaque jour voyait conduire à la mort une foule de citoyens ; mais ce n'était plus, comme autrefois, dans les rangs seuls des hommes fidèles à la monarchie que les pourvoyeurs des bourreaux allaient chercher des victimes ; c'était dans tous les partis, c'était même souvent parmi les hommes qui avaient donné à la Révolution les plus affreuses garanties (1). Que voulait Robespierre ? Quelques hommes qui ont écrit l'histoire de nos guerres ci-

---

(1) Houchard, Westermann et plusieurs autres généraux connus pour

viles, sous la dictée des passions de leur temps, lui ont
supposé un des projets les plus extraordinaires qui soient
jamais entrés dans la tête d'un scélérat : ils lui ont supposé le projet d'exterminer, l'un après l'autre, tous les
hommes qui avaient marqué dans le parti de la Révolution pour se faire pardonner par un parti qu'il avait long-
temps accablé des plus cruelles rigueurs ; mais puisque
les trente années qui viennent de s'écouler, et qui ont
été si fécondes en révélations de tout genre, ne nous ont
rien appris qui puisse autoriser une aussi étrange supposition, pourquoi nous attacherions-nous à la combat-
tre ? Laissons cette vaine pâture à l'oisiveté des partis et
suivant une route plus sûre pour arriver à la découverte
de la vérité, cherchons dans le cœur même de l'homme le
secret de ces temps affreux. Que voulait Robespierre ?
Robespierre devait vouloir, Robespierre voulait ce
qu'avaient voulu avant lui tous les hommes qui avaient
acquis une grande autorité sur un peuple en révolution :
Robespierre devait vouloir, Robespierre voulait termi-
ner la Révolution à son profit.

Et qu'on y réfléchisse bien, on verra que ce projet fu-
neste ne présentait que trop de chances de succès à celui
qui l'avait conçu. Sans doute Robespierre ne pouvait pas se
flatter de faire approuver ce projet par une nation qu'il
venait de décimer avec une si impitoyable cruauté ; sans
doute il ne pouvait pas se flatter de le faire approuver par

être les plus fougueux partisans de la Révolution, étaient déjà tombés
sous les coups de Robespierre et de son parti ; mais l'homme dont la
mort causa le plus d'étonnement, ce fut Danton qu'on appelait la colonne du républicanisme. C'était le rival le plus redoutable de Robespierre dans la Convention.   (*Note de l'éditeur.*)

une armée qui ne l'avait jamais vu dans ses rangs et qui
ne prononçait son nom qu'avec horreur ; mais que pouvait contre lui la nation ? que pouvait contre lui l'armée ?
La nation ? elle était glacée d'effroi au seul aspect des
hommes féroces dont il s'était entouré : elle était si abat-
tue qu'il osait déjà disperser ses satellites devant elle pour
aller chercher des victimes à sa fureur jusqu'au fond des
campagnes ! Et l'armée ? elle était retenue par l'honneur
sous les drapeaux ; elle était occupée, loin de sa patrie, à des
guerres auxquelles il était si facile de l'occuper toujours;
elle n'avait jamais exercé aucune influence sur le gouvernement de son pays, elle n'aurait même pas osé lui
faire connaître son opinion dans la crainte de compro-
mettre l'existence de tous les êtres chers à ses souvenirs
et qu'elle avait laissés sous le couteau des assassins en
quittant ses foyers. Non, non, il n'est que trop vrai de
le dire, ni la nation ni l'armée ne pouvaient empêcher
Robespierre de réaliser ses funestes projets ; et s'il faut
faire connaître l'obstacle, bien faible en apparence, mais
pourtant le seul obstacle qui l'arrêtait encore, c'était la
crainte que lui inspirait une assemblée peu nombreuse ;
c'était la crainte que lui inspirait la Convention ; ce n'é-
tait même pas la Convention toute entière qu'il redoutait,
ce n'en était qu'une partie ; ce n'était que la portion de
cette assemblée si connue sous le nom de *la Montagne*,
et qui, par ses fureurs, avait depuis long-temps réduit
tous ses collègues au silence ; ce n'était enfin qu'une poignée d'hommes. Ainsi c'était seulement quelques têtes de
plus à faire tomber.... Cet obstacle n'était pas fait pour
l'arrêter long-temps !

Du moment où Robespierre s'était aperçu que les
hommes de la Montagne qui l'avaient laissé se placer à

leur tête voulaient toujours être ses compagnons et non
ses esclaves, il avait songé à s'entourer d'hommes qui
fussent capables de leur en imposer par leur audace. Il
en avait trouvé un grand nombre dans le repaire des Jacobins où se rassemblaient chaque nuit les plus fougueux partisans de la terreur ; et telle était l'exaltation
qu'il avait su communiquer encore à ces nouveaux satellites, qu'il pouvait se flatter de les amener bientôt, soit à
venir le délivrer de tous ses rivaux , dans la Convention,
en les arrachant de leurs bancs pour les conduire à l'é-
chafaud , soit même à venir avec lui dissoudre la Convention toute entière, comme Cromwell et ses soldats
avaient dissous tant de parlemens (1).

Cependant l'exécution de ce plan l'exposa à de grands
dangers. Soit que son ambition , irritée par des succès
sans exemple, ne lui permît pas d'aller au but par des
voies détournées , soit qu'il ne lui fût pas possible de
contenir l'impatience des hommes auxquels il s'était
adressé, il donna l'éveil à ceux qu'il voulait perdre (2), et,

---

(1) Robespierre voulait-il dissoudre la Convention toute entière, ou
seulement la réduire à une obéissance aveugle en la frappant de terreur ? Il y a tout lieu de croire que ce dernier parti était celui
auquel il s'était arrêté. Au fait, ce parti était beaucoup moins dan-
gereux que l'autre et lui suffisait cependant pour le mettre à même
d'exécuter tous ses projets. La Convention dominait la Nation : la
Montagne dominait la Convention : Robespierre pouvait donc dominer la Convention et la Nation en dominant la Montagne par la
crainte des Jacobins. Et si l'on demande comment il pouvait dominer
toujours les Jacobins , la réponse est facile : il n'avait qu'à se servir
du moyen qui avait si bien réussi à Sylla et à Cromwell pour retenir
dans l'obéissance leurs farouches satellites : il n'avait qu'à leur par-
tager les dépouilles de leur pays.   (*Note de l'éditeur.*)

(2) Robespierre n'avait paru ni à la Convention , ni dans les comités depuis six semaines (depuis la fête à l'*Être Suprême*) ; mais on le

prévenu par eux, il fut arrêté au milieu de la Convention, dans la matinée du 9 thermidor (1); mais, comme ils le traitèrent en coupable ordinaire, il ne fut pas long-temps en péril : il s'échappa de leurs mains; et, mettant en mouvement, sur-le-champ, tous les ressorts qu'il avait depuis long-temps préparés, il put espérer encore (2).

Aussitôt que Robespierre fut libre, il se rendit à la Commune où il leva ouvertement l'étendard de la révolte contre la Convention (3). Il appela autour de lui

---

trouvait tous les jours au club des Jacobins où il prononçait et faisait prononcer les discours les plus violens contre la Convention, et tout le monde sait que ce furent ses assiduités à ce club qui le rendirent suspect à la Montagne et firent résoudre sa mort. (*Note de l'éditeur.*)

(1) On peut voir au Moniteur, mais surtout dans les petits journaux du temps, les détails de cette séance mémorable. Robespierre fit, pendant plusieurs heures, les plus grands efforts pour parvenir à se faire entendre : lorsqu'il vit qu'il ne pourrait y réussir, il adressa à la Convention cette apostrophe d'une effrayante vérité : « Président d'assassins, je te demande la parole pour la dernière » fois. » (*Note de l'éditeur.*)

(2) Le complot contre Robespierre avait été tramé dans le plus grand secret et mis à exécution avec beaucoup de prudence ; mais aussitôt que la Convention eut mis la main sur ce chef redoutable, elle sembla frappée de vertige : elle négligea toutes les précautions que commandait le plus simple bon sens contre un homme qui s'était fait un parti immense parmi la populace de Paris, et elle remit en question ce qui semblait décidé, au point que l'on peut dire que le hasard seul la fit triompher ensuite. (*Note de l'éditeur*)

(3) Un fait, rapporté par plusieurs écrivains du temps, fait bien voir que Robespierre, échappé des mains de la Convention, était résolu à se délivrer de cette assemblée (comme effectivement c'était le seul parti qui lui restait après la levée de boucliers que ses anciens amis venaient de faire contre lui et qu'ils auraient toujours été tentés de recommencer, dans la crainte qu'elle ne leur fût jamais pardonnée) ; mais ceux qui se sont prévalus de ce fait pour avancer

***

tous ses principaux partisans ; il envoya des émissaires dans toutes les sections pour chercher à faire entrer la force armée dans son parti, pendant que ses affidés allaient faire lever en masse les terribles faubourgs ; enfin, telle fut l'activité qu'il déploya, qu'il allait avoir dans quelques heures une armée nombreuse avec laquelle il pouvait triompher de tous ses ennemis, avec laquelle il pouvait peut-être fixer pour toujours le pouvoir dans ses mains. Ainsi, il n'est donc que trop vrai de dire, comme nous l'avons déjà dit, que la journée du 9 thermidor est une des plus importantes de notre histoire! Ainsi il n'est donc que trop vrai de dire que la journée du 9 thermidor pouvait avoir une influence immense sur notre avenir! Eh bien! on va voir maintenant, avec la même évidence, que, si cette grande journée s'est terminée si heureusement, ce n'est point à la Convention que la France le doit, mais à un seul homme, à celui dont nous avons tout à l'heure esquissé l'histoire.

---

que Robespierre avait depuis long-temps formé le projet de dissoudre la Convention et n'attendait qu'un moment favorable pour l'exécuter, sont-ils bien fondés en raison? Nous ne le pensons pas, et nous persistons dans nos réflexions précédentes relativement aux premiers projets de Robespierre ; quoi qu'il en soit, voici le fait en question : Couthon, étant arrivé à la Commune où Robespierre était déjà, proposa d'écrire aux armées. — Au nom de qui? dit Robespierre. — Eh mais, au nom de la Convention, dit Couthon ; n'est-elle pas partout où nous sommes? Le reste n'est qu'une poignée de factieux que la force armée va disperser et dont elle fera justice. — Mon avis, dit Robespierre, après un moment de réflexion, est qu'on écrive au nom du peuple.　　　　　　　　　　　　　　(*Note de l'éditeur.*)

PRÉCIS HISTORIQUE

DES ÉVÉNEMENS QUI SE SONT PASSÉS

DANS LA SOIRÉE

DU NEUF THERMIDOR.

Le 9 thermidor au 11, à deux heures du soir, l'escadron de gendarmerie, dit des *hommes du 14 juillet*, caserné au Petit-Luxembourg, dont je faisais partie, reçut du général en chef Henriot l'ordre de se rendre en toute diligence à la Maison commune.

A deux heures et demie, nous étions en bataille sur la place de la Commune ; le peuple paraissait agité ; nous demandons quelle en est la cause : en nous donnant des cartouches, ce qui ne s'était jamais fait dans les émeutes précédentes, on nous dit que c'est pour marcher contre les prisonniers de la Force qui se sont révoltés. En ce moment arrivent sur la place différens bataillons des sections de Paris; le général Henriot est à leur tête avec tout son état-major ; il les harangue, mais l'éloignement nous empêche d'entendre. Son discours fini, on crie *Vive la République ! Vivent les bons patriotes ! Vive Robespierre !* Henriot quitte l'infanterie et vient à nous en disant : « Allons, braves gendarmes, au galop ; allons délivrer les patriotes ! »

Nous rompons par la droite, et nous suivons le général

par les quais, en renversant une foule de citoyens avec nos chevaux. Je ne savais que penser d'une telle conduite, lorsqu'un jeune citoyen, qui était avec son épouse sur le quai de la Ferraille, et qui paraissait instruit des décrets que la Convention venait de rendre, dit à Henriot : « Tu n'es plus général ; tu es un brigand ; gendarmes, ne l'écoutez pas, il est en arrestation. » Un aide-de-camp du général donne un coup de sabre à ce jeune homme, le fait traîner au corps-de-garde de la Commune, et nous poursuivons toujours au galop par la rue de la Monnaie et la rue Saint-Honoré en répandant partout la terreur.

Arrivés sur la place du Palais-Égalité, Henriot reconnaît plusieurs membres de la Convention. Il les injurie et nous ordonne de les arrêter. Ces citoyens cherchant à s'échapper, il court lui-même après eux. Le citoyen Merlin de Thionville reste seul sous ma garde. Un de mes camarades voulait le conduire en prison ; mais je parvins à l'en empêcher, en lui disant que ce citoyen était représentant du peuple, que son caractère était sacré, qu'il fallait attendre de nouveaux ordres. Henriot, nous ayant rejoint, fait conduire le citoyen Merlin au corps-de-garde du Palais et nous emmène au comité de sûreté générale. Nous étions sur deux rangs ; j'étais le second du premier rang.

Henriot entre dans la cour, et, mettant pied à terre avec ses aides-de-camp, sans donner aucun ordre à notre commandant, il va pour entrer dans les bureaux ; mais les grenadiers du poste lui en refusent l'entrée : alors il vient à nous furieux, et, mettant le sabre à la main, il s'écrie : « Allons, braves gendarmes, pied à terre ; allons délivrer les patriotes que ces f.... gueux-là tiennent en prison. »

La tête de la colonne qui était entrée dans la cour met pied à terre, et nous suivons, au nombre de six ou de sept le général et ses aides-de-camp le sabre à la main. Les grenadiers croisent la baïonnette sur nous ; et le combat allait s'engager, lorsqu'un gros huissier de la Convention, que je crois être le citoyen Fontaine, se jette au milieu de nous en criant : « Arrêtez, gendarmes ; il n'est plus votre général, il est en arrestation : voyez la loi, obéissez-y ! »

Ces paroles arrêtent Henriot et sa suite. Les grenadiers, profitant de ce moment d'incertitude, tombent sur les aides-de-camp. Henriot voulait se défendre ; mais, indigné de sa conduite passée, je le saisis au milieu du corps en lui conseillant de se rendre ; ce qu'il fait sans résister : et aussitôt on l'enchaîne, ainsi que ses aides-de-camp (1).

Cet homme qui, un moment auparavant, insultait, écrasait les citoyens, était alors craintif et implorait la pitié de tout le monde. Le représentant Amar vient à lui et l'injurie ; Henriot tout stupéfait lui répond comme un homme égaré : « Mais, Amar, je ne sais ce que vous me reprochez, j'ai fait tout ce que vous m'avez dit. —

---

(1) Sans doute on peut dire que l'huissier Fontaine fut la cause première de l'arrestation d'Henriot, en faisant connaître aux gendarmes le décret qui ordonnait cette arrestation ; mais il y a tout lieu de croire que son discours n'eût pas suffi pour empêcher Henriot d'exécuter son projet. L'étonnement, l'hésitation que ce discours produisit n'eussent duré qu'un instant ; Henriot eût bientôt repris tout son ascendant sur cette masse d'hommes habitués à la plus servile obéissance (et dont la plus grande partie d'ailleurs n'avait pas pu entendre ce que Fontaine venait de dire) ; mais lorsqu'il vit un de ces hommes, sur l'aveuglement desquels il comptait, se déclarer ouvertement contre lui, il fut consterné, et il fut arrêté avant d'avoir pu se reconnaître.

(Note de l'éditeur.)

Tais-toi, monstre, reprend vivement Amar ; gardes, citoyens, qu'on le traîne au cachot ! » Et il disparaît.

Il était alors quatre heures. Dans d'autres salles du
comité on interrogeait Robespierre et les autres conjurés
arrêtés. J'ignore ce qui se passait à la Convention ; mais
une grande faute qu'elle fit, ce fut de ne pas nommer un
autre général pour commander la force armée de Paris
lorsqu'elle eut décrété Henriot d'arrestation, et l'on
verra par la suite comment cette faute faillit compro-
mettre tout le succès de cette journée (1).

Cependant tout paraissait tranquille autour de la Convention ; l'interrogatoire de Robespierre et de ses complices étant terminé sur les six heures, on les fait monter
dans différentes voitures pour les conduire les uns aux
Carmes, les autres à Saint-Lazare; mais les voitures
sont arrêtées, les gendarmes d'escorte maltraités, et les
prisonniers délivrés et conduits en triomphe à la Maison
commune. Arrivés là, les conjurés s'érigent *en comité
de gouvernement exécutif pour sauver le peuple*, ainsi
que le prouvent différens papiers trouvés sur Robespierre, et ils prennent un arrêté par lequel une députation armée doit se rendre au comité de sûreté générale
pour réclamer Henriot et ses aides-de-camp.

Il était alors près de huit heures. Le tocsin sonnait à

---

(1) Barère avait fait adopter vers trois heures une nouvelle organi-
sation pour la garde nationale de Paris, par suite de laquelle les chefs
de légion devaient avoir chacun à leur tour le commandement en chef;
mais il s'aperçut bien, quelques heures après, que c'était une grande
faute d'avoir supprimé cette place importante dans les circonstances
graves où la Convention se trouvait, et il en demanda le rétablisse-
ment en faveur de Barras, vers dix heures du soir.

(Note de l'éditeur.)

la Commune, et le tumulte grossissait autour de la Convention qui commençait à s'assembler. J'allai rendre compte au comité de salut public de cette situation, ainsi que de la délivrance des conjurés, dont venaient de m'instruire quelques-uns de mes camarades qui les avaient escortés (1).

Les membres du comité de salut public étaient fort embarrassés : je me mêlai à leur séance, et je leur dis qu'il n'y avait qu'un parti à prendre ; qu'il fallait marcher sur-le-champ contre la Commune et arrêter tous ceux qui s'y trouveraient, sans leur laisser le temps de se reconnaître. On s'arrête à cette idée ; mais on n'avait point d'officier (2).

On me propose le commandement ; j'observe que je ne suis qu'un simple gendarme, que j'ai des chefs. « Eh bien ! tu en auras plus de mérite, » me dit le citoyen Carnot. Enfin j'accepte. Aussitôt on me donne par écrit l'ordre *de commander sous la Convention, d'aller mettre en arrestation tous les membres de la Commune de Paris et de rendre compte de demi-heure en demi-heure.* Je ne

---

(1) Ceux qui étaient avec Robespierre aîné le conduisirent en triomphe à la Mairie et à la Maison commune, et restèrent près de lui jusqu'à sa chute. On ne peut cependant supposer de mauvaises intentions à ces gendarmes ; ils étaient au cabaret, lorsqu'à minuit, en me disant un des leurs, je parvins jusqu'à Robespierre.

(Note de l'auteur.)

(2) Le capitaine Martin et le lieutenant Bruel, officiers crapuleux qui nous commandaient, étant ivres, n'avaient encore paru nulle part. Ces individus et quelques autres, qui n'étaient que des soldats d'infanterie, s'étaient fait nommer officiers lors de la formation de l'escadron, à force de vin, par les plus basses intrigues, et surtout en montrant de faux états de service dans la cavalerie ; mais depuis, les uns ont été destitués et les autres réformés.

(Note de l'auteur.)

donne pas le temps de transcrire cet ordre sur les registres du comité ; je le mets dans la ganse de mon
chapeau , et je vole au comité de sûreté générale pour
le montrer à mes officiers et l'exécuter, coûte qui
coûte (1).

Au moment où j'arrive à ce Comité, la députation
de la Commune, dont j'ai parlé plus haut, y arrive aussi
soutenue des canonniers des faubourgs et de plusieurs
milliers d'hommes du peuple armés ou non armés.
Coffinhal, qui en était le président, entre dans la se-
conde salle avec les canonniers, se place près de la
grande table, et dit : « Au nom du peuple souverain ,
nous vous demandons Henriot et ses amis que vous
retenez prisonniers. » Le Comité est obligé de céder, et
Henriot, remis en liberté, paraît au bout de quelques
instans ; il saute sur la table, embrasse ses amis et crie :

---

(1) Méda ayant perdu, par suite du mouvement qu'il s'est donné
pendant la nuit du 9 au 10 thermidor, l'ordre dont il est ici question,
nous avons fait des recherches pour savoir si cet ordre n'aurait point
été transcrit sur les registres du comité après son départ, et en ob-
tenir, en ce cas, une copie ; mais on n'a pu nous donner de réponse, ni aux archives du royaume, ni au ministère de l'intérieur,
ni à la prefecture de police, ni dans les bureaux du conseil d'État où
nous nous sommes adressés successivement, attendu que la plupart
des papiers des comités de la Convention n'existent plus , ou ont été
disséminés dans les différentes administrations qu'ils pouvaient con-
cerner. Au surplus, nous ne pensons pas que cette circonstance puisse
influer en rien sur l'opinion des lecteurs : ceux qui ont connu Méda
savent bien qu'il était incapable de dire une chose qui n'eût pas été
de la plus exacte vérité ; et ceux qui liront son récit, qui porte si bien
dans tous ses points l'empreinte de la sincérité, seront bien persua-
dés qu'il n'a rien dit que de véritable , en rapportant ce fait assez
important et tout-à-fait inconnu jusqu'à ce jour, mais cependant très-
facile à concevoir au milieu du désordre qui régnait de tous côtés.

(*Note de l'éditeur.*)

« Vive Robespierre ! vivent les bons patriotes ! vivent les braves canonniers qui délivrent leur général ! »

Ne pouvant rien au milieu d'un pareil désordre, je sors dans la cour ; Henriot m'y suit un moment après. Voyant ses chevaux qui étaient encore avec les nôtres, il monte à cheval, puis il demande où sont les lâches gendarmes qui l'ont arrêté à trois heures. Mes camarades s'écrient aussitôt, c'est Méda ! c'est Méda ! ce b... de *Veto* (1) ! A mort, s'écrient les canonniers en frappant sur leurs pièces avec leurs sabres, à mort ! Grâce au tumulte et à l'obscurité, je me sauve en passant sous le ventre de plusieurs chevaux, et je cours au comité de salut public pour lui rendre compte de ce qui venait de se passer sous mes yeux.

Je ne trouve personne à ce comité ; ses membres étaient à l'assemblée : j'y vais, je les trouve réunis dans la petite salle qui était derrière le fauteuil du président. Je leur fais part de la mise en liberté d'Henriot. — Tu es un traître, me dit Barère ; il fallait lui brûler la cervelle. — Mais, citoyen, on ne tue pas ainsi les gens ! — Tu es un scélérat ! Grenadiers, arrêtez-le ! — Non, non, dit le citoyen Carnot : c'est notre bon gendarme. —Ah ! oui, reprend Barère.—Puis il me demande encore quelques renseignemens et il retourne à la tribune où il fait décréter une proclamation à la Nation, la mise hors la loi de tous les conjurés, la nomination d'un nouveau général pour Paris (le citoyen Barras), et l'envoi de vingt-quatre représentans dans les sections (2).

----

(1) Ils m'appelaient *Veto*, parce que j'ai servi dans la garde constitutionnelle de Louis XVI.

(2) C'est vers dix heures du soir, c'est-à-dire, après avoir perdu

Pendant ce temps Henriot avait débauché le peu de troupes qui restaient autour de la Convention, en leur disant que son innocence avait été reconnue, qu'on lui avait rendu le commandement de Paris, et qu'il fallait se réunir à la Maison commune où était le danger. J'arrive cependant encore assez tôt pour retenir un bataillon du Panthéon commandé par le citoyen Sans-Gêne, et le reste de mes camarades que le lieutenant Bruel avait réunis et conduisait à la Maison commune, parce que, disait-

plus de deux heures en discussions inutiles, que la Convention prit ces mesures sur la proposition de Barère. Ces dispositions étaient assez importantes ; elles prouvent même que la Convention commençait à juger assez bien sa position, puisqu'elle se résolvait à prendre l'offensive, qu'elle eût dû prendre depuis long-temps ; mais rien n'indique d'une manière bien précise, ni dans ces dispositions prises en elles-mêmes, ni dans les débats qui les précédèrent ou les suivirent, quel était le plan d'attaque auquel la Convention s'était arrêtée définitivement. Comme ce serait cependant une chose intéressante à connaître, nous allons soumettre au lecteur quelques réflexions qui jetteront peut-être un peu de jour sur cette question.

La Convention voulait-elle que la Commune fût attaquée sur-le-champ ? Il n'y a pas lieu de le penser, parce qu'elle n'avait presque point de troupes à sa disposition. La question est donc seulement de savoir si elle voulait que l'attaque fût faite pendant la nuit ou dans la journée du lendemain, c'est ce qu'il convient d'examiner.

Ceux qui pensent que la Convention voulait que la Commune fût attaquée pendant la nuit pourront rappeler ces paroles adressées par Tallien à ceux de ses collègues qui venaient d'être désignés pour aller dans les sections : « Allez, et que le soleil ne se lève que pour éclairer le supplice des conspirateurs. » Mais, quant à nous, nous pensons que cette phrase était commandée par les circonstances, pour relever le courage de la Convention et des tribunes, au milieu desquelles se répandaient souvent des bruits alarmans, et qu'une terreur panique pouvait très-bien disperser en quelques instans ; et plus nous examinons les faits avec attention, plus nous sommes convaincus que l'attaque de la Commune n'était projetée que pour le lendemain.

Barras, auquel on venait de confier le commandement de toute la

il, il faut toujours suivre son général. Bruel voulant me résister, je l'arrête, et quelques-uns de mes camarades, qui m'auraient peut-être livré un moment auparavant à

---

force armée de Paris, pensait-il que l'on pût attaquer les conjurés dans la nuit? Non sans doute; car, s'il l'eût pensé, il n'eût certainement pas manqué de donner quelques points de ralliement aux représentans qui allaient comme lui parcourir les différens quartiers de Paris pour chercher à faire des partisans à la Convention, et tout le monde sait que non-seulement il n'en donna point, mais qu'il s'en alla très-loin du théâtre de la guerre, à la plaine des Sablons, où étaient campés les élèves de Mars dont l'intervention ne pouvait sûrement être d'aucun secours avant la journée du lendemain.

Autre preuve encore non moins probante : plusieurs représentans trouvent dans leur mission des facilités sur lesquelles ils n'avaient pas compté; quelques-uns même se trouvent avoir bientôt à leur disposition des forces assez considérables; mais y en a-t-il un seul (si l'on en excepte Léonard Bourdon, dont la conduite dans cette circonstance tient à des causes qui seront expliquées plus tard), y en a-t-il un seul qui songe à aller attaquer la Commune sur-le-champ, qui songe même à pousser une reconnaissance un peu sérieuse de ce côté, pour savoir au juste ce qui s'y passe? Non, c'est une chose bien constante : aucun d'eux ne songea à prendre un pareil parti, et chacun d'eux s'empressa de retourner à la Convention, pour dire ce qu'il avait fait et apprendre ce qu'il avait à faire.

Disons-le donc avec assurance : non, la Convention n'avait pas l'intention d'attaquer la Commune pendant la nuit ; non, la Convention ne songeait point à attaquer la Commune avant que toutes ses forces fussent réunies, c'est-à-dire, avant la matinée du lendemain ; et comme alors Robespierre eût eu terminé aussi tous ses préparatifs de défense, comme alors Robespierre eût eu une armée aussi nombreuse peut-être que celle avec laquelle la Convention fût venue l'attaquer, il est bien évident qu'une bataille affreuse était inévitable pour le lendemain si le plan de cette assemblée, toujours prodigue du sang des Français, eût été suivi ; mais, grâce au ciel, il ne le fut pas, et la France fut sauvée en quelques instans par le plan tout différent que Méda avait présenté au comité de salut public, et qu'il exécuta avec autant de courage que de prudence.

(Note de l'éditeur.)

la fureur des partisans de Robespierre, me soutiennent jusqu'au moment où les vingt-quatre représentans, dont l'envoi dans les sections venait d'être ordonné par la Convention, sortent de la salle. Alors je fais mettre pied à terre à plusieurs gendarmes. Les représentans montent leurs chevaux et s'en vont dans les différens quartiers de Paris (1).

Les représentans Legendre, Lanthenas et Léonard Bourdon, escortés de deux de mes camarades et de moi, vont à la section de la Halle-au-Blé. Cette section, recevant à la fois des ordres de la Convention et de la Commune, était dans la plus grande incertitude, mais la présence des Représentans la détermine en faveur de la Convention. Le représentant Legendre nous quitte et va faire fermer la salle des Jacobins, rue St.-Honoré, pe ndant que nous courons dans les sections des Enfans de la Patrie, des Arcis, des Lombards, des Gravilliers, faire prendre les armes aux citoyens. La section des Gravilliers, commandée par le citoyen Martin, était sous les armes : à la voix de Léonard Bourdon elle nous promet ses services et elle se met en mouvement avec nous pour marcher contre la Commune (2).

---

(1) J'observe que le citoyen Barras, nommé général en chef par la Convention, ne donna aucun ordre d'attaque, ni même de ralliement, et qu'il s'en alla au camp de Mars réunir la force armée qui s'y trouvait.

(Note de l'auteur.)

(2) La rapidité du récit de Méda sera sans doute d'un grand agrément pour les lecteurs, mais elle sera peut-être cause qu'il restera encore dans leur esprit des doutes sur quelques-uns des événemens de la journée, doutes qu'il lui eût été bien facile de lever. Par exemple, ici il dit bien que l'attaque contre la Commune fut résolue, et qu'il fut chargé de la diriger; mais il ne dit absolument rien qui puisse même faire soupçonner celui qui eut le premier cette idée. C'était

Léonard Bourdon me nomme commandant de l'attaque. Les officiers et les soldats, me voyant partout,
m'écoutent volontiers ; d'ailleurs je leur montre dans la
ganse de mon chapeau l'ordre que le Comité de salut
public m'a donné. J'arrête la tête de la colonne à
St.-Merry : j'appelle Léonard Bourdon pour combiner
avec lui mon plan d'attaque. Je lui propose d'attaquer la
commune par le quai Pelletier et la rue du Mouton
pendant que je la tournerais avec quelques compagnies
de braves, par le St.-Esprit, et que je renverserais tout

pourtant une chose assez intéressante à faire connaître. Comme nous
sommes réduits à ne former sur ce point que des conjectures, voici
celles qui nous semblent le plus naturelles.

L'idée d'attaquer immédiatement la Commune ne venait point de
la Convention, comme nous l'avons vu plus haut ; ni de Barras, ni
d'aucun des autres Représentans qui parcouraient ainsi que lui les
différens quartiers de Paris, sans se rencontrer ailleurs qu'à la Convention. Elle fut évidemment conçue par un des hommes de la petite
troupe à laquelle appartenait Méda ; mais quel est cet homme ?
Serait-ce le commandant de la section des Gravilliers, Martin ? Le rôle
tout-à-fait secondaire qu'on lui voit jouer dans la suite ne permet
guère de le croire, et le doute s'établit plus naturellement entre Léonard Bourdon et Méda ; mais ce doute peut-il être bien long-temps
sérieux, lorsqu'on songe aux antécédens de l'un et de l'autre (Léonard Bourdon, si notre mémoire ne nous trompe pas, était un ancien
maître de pension), et surtout lorsqu'on songe aux honneurs extraordinaires que ce représentant, qui venait de jouer le rôle de général,
crut devoir faire rendre à un simple soldat comme Méda ?

Ainsi ce serait donc par modestie que Méda n'aurait pas parlé de la
circonstance dont nous nous occupons en ce moment ; et au fait, il a
bien pu croire qu'il pouvait se dispenser d'en parler après avoir dit
ce que le Comité de salut public avait résolu sur son avis, mais nous
n'en laissons pas moins subsister cette remarque pour ceux qui aiment
mieux fonder leur opinion sur une série de faits avérés ou même pro-
bables, que sur les déclarations isolées de quelque personne que ce
soit.   (*Note de l'éditeur.*)

ce qui me serait opposé ; il me laisse entière liberté.

En ce moment débouche de la rue de la Verrerie une compagnie de canonniers qui, ne recevant aucun ordre à la Commune où elle s'était rendue, s'en retournait à sa section (1) ; le représentant Léonard Bourdon la fait joindre à ma colonne, et par les renseignemens que me donne son chef je décide tout de suite mon mouvement : « Par ce que dit le capitaine, dis-je à Léonard » Bourdon, vous voyez qu'il n'y a aucun ordre à la Com- » mune ; tombons donc sur ceux qui s'y trouvent sans » leur laisser le temps de se reconnaître ; descendons le » quai sans bruit : quand nous arriverons sur la place » l'artillerie se mettra sur sa gauche en bataille au pas de

---

(1) Il peut paraître étonnant, au premier coup d'œil, de voir les conjurés si mal gardés à la Commune ; mais outre qu'il ne leur était pas facile, non plus qu'à la Convention, de retenir pendant toute la nuit sous les armes des soldats qui n'aimaient pas plus à se *désheurer* que ceux de la Ligue, il y eut encore une cause qui contribua beaucoup à augmenter le désordre autour d'eux, c'est qu'ils se persuadèrent, par les mesures mêmes qu'ils virent prendre à la Convention, qu'ils ne seraient attaqués que le lendemain. Lorsqu'ils furent bien pénétrés de cette idée, ils firent comme la Convention, ils ne s'occupèrent presque plus de ce qui se passait près d'eux, ils ne s'occupèrent que de gagner les sections et de s'assurer une armée pour le lendemain, et en un mot, si la Commune succomba, ce n'est pas parce qu'elle montra moins de prudence ou de courage que la Convention ; c'est uniquement parce qu'il se trouva dans les rangs opposés aux siens un homme qui eut l'idée de décider la question par un coup de main, au moment où le besoin de repos dispersait de tous les côtés les soldats des deux partis ; car, si le hasard eût placé cet homme dans ses rangs, elle eût pu triom- pher tout aussi facilement de la Convention, que la Convention triompha d'elle, et surtout lorsqu'elle envoya jusqu'aux portes mêmes de cette assemblée réclamer Henriot par les canonniers des faubourgs, qui étaient soldés par elle, et qui lui étaient entièrement dévoués.

(Note de l'éditeur.)

» charge et de suite en batterie , et la troupe se formera
» en partie derrière pendant que le reste, conduit par le
» commandant Martin , longera le parapet jusqu'à l'ar-
» cade St.-Jean, et ira prendre en flanc les vingt pièces de
» canons qui défendent l'entrée de la Commune. »

La tête de la colonne se met aussitôt en mouvement
dans l'ordre que je viens de dire. Un bruit terrible
s'élève ; mes dix pièces sont en batterie : celles qui me
sont opposées s'y mettent aussi ; alors je me jette entre les deux lignes ; je cours aux canonniers qui se
mettent en action contre nous. Je leur parle de patrie,
de respect pour la représentation nationale, du dépôt
confié par la France aux Parisiens. Enfin, je ne me
souviens pas trop bien de ce que je leur dis ; mais
leur réponse fut de mettre leurs pièces en batterie avec
les nôtres.

Voyant une telle négligence de la part d'Henriot,
j'espère beaucoup de mon entreprise. Le commandant
Martin, n'ayant point trouvé d'obstacle , arrive avec sa
colonne en tirant une diagonale à gauche sans avoir
suivi le chemin tracé plus haut. Je lui fais voir le désordre qui règne autour des conjurés ; je lui fais sentir
combien il est important d'en profiter. Je mets pied à
terre ; je prends mes pistolets ; je les mets dans ma che-
mise ; et, montrant la salle du conseil de la Commune aux
grenadiers qui m'entourent, je leur dis : « C'est là qu'il
» faut aller ! des gendarmes trompés sont encore en or-
» donnance près de Robespierre : montons, je me dirai
» de leur nombre et je parviendrai près de lui ; faites bien
» attention à moi, et suivant que vous me le verrez faire,
» criez vive Robespierre ou vive la République ! »

Les grenadiers ne disent pas non ; mais ils me suivent

lentement. L'escalier de la Commune est rempli des partisans des conjurés ; à peine pouvons-nous passer sur trois de front. J'étais très-animé, je monte rapidement et je suis déjà à la porte de la salle de l'assemblée de la Commune que les grenadiers sont encore bien loin. Les conjurés sont assemblés dans le secrétariat, et les approches bien fermées. J'entre dans la salle du conseil en me disant ordonnance secrète. Je prends le couloir à gauche : dans ce couloir je suis assommé de coups sur la tête et sur le bras gauche, avec lequel je cherche à parer, par les partisans des conjurés, qui ne veulent pas me laisser passer, quoique je leur dise que je suis ordonnance secrète. Je parviens cependant jusqu'à la porte du secrétariat : je frappe plusieurs fois pendant qu'on me frappe toujours ; enfin la porte s'ouvre.

Je vois alors une cinquantaine d'hommes dans une assez grande agitation ; le bruit de mon artillerie les avait surpris. Je reconnais au milieu d'eux Robespierre aîné ; il était assis dans un fauteuil, ayant le coude gauche sur les genoux, et la tête appuyée sur la main gauche. Je saute sur lui, et, lui présentant la pointe de mon sabre au cœur, je lui dis : « Rends toi, traître ! » Il relève la tête et me dit : « C'est toi qui es un traître, et je vais te faire fusiller ! » A ces mots je prends de la main gauche un de mes pistolets, et, faisant un à droite, je le tire. Je croyais le frapper à la poitrine, mais la balle le prend au menton et lui casse la mâchoire gauche inférieure (1);

---

(1) Plusieurs écrivains, entre autres le citoyen Pagès et les auteurs du précis de la Révolution, ont prêté à Robespierre le courage de se frapper lui-même. Assurément, ceux qui ont avancé ce fait n'ont consulté que les rapports d'une multitude aveugle et amie du mei

il tombe de son fauteuil. L'explosion de mon pistolet surprend son frère qui se jette par la fenêtre. En ce moment il se fait un bruit terrible autour de moi, je crie vive la République! mes grenadiers m'entendent et me répondent : alors la confusion est au comble parmi les conjurés, ils se dispersent de tous les côtés, et je reste maître du champ de bataille.

Robespierre gisant à mes pieds, on vient me dire qu'Henriot se sauve par un escalier dérobé ; il me restait encore un pistolet armé, je cours après lui. J'atteins un fuyard dans cet escalier : c'était Couthon que l'on sauvait. Le vent ayant éteint ma lumière, je le tire au hasard, je le manque, mais je blesse à la jambe celui qui le portait. Je redescends, j'envoie chercher Couthon, que l'on traîne par les pieds jusque dans la salle du conseil général ; je fais chercher partout le malheureux que j'avais blessé, mais on l'avait enlevé sur-le-champ.

Robespierre et Couthon sont étendus au pied de la tribune. Je fouille Robespierre, je lui prends son portefeuille et sa montre que je remets à Léonard Bourdon, qui vient en ce moment me féliciter sur ma victoire et donner des ordres de police (1).

Les grenadiers se jettent sur Robespierre et Couthon,

---

veilleux, et ne se sont pas donné la peine de faire des recherches pour savoir s'il était vrai ou faux; ils eussent trouvé vingt preuves de sa fausseté, s'ils eussent consulté les procès verbaux de la Convention, ou même seulement les journaux du temps.

(Note de l'auteur.)

(1) Le portefeuille de Robespierre contenait, outre différens papiers, pour plus de dix mille francs de bonnes valeurs. Tout cela fut remis à la Convention par Léonard Bourdon, et je n'en ai jamais entendu parler depuis. (Note de l'auteur.)

qu'ils croient morts et les traînent par les pieds jusqu'au quai Pelletier. Là ils veulent les jeter à l'eau ; mais je m'y oppose et je les remets à la garde d'une compagnie des Gravilliers. Le jour venu, on s'aperçoit qu'ils respirent encore ; je les fais conduire aussitôt à l'infirmerie de la Conciergerie : rien ne peut se comparer aux souffrances qu'ils ont dû éprouver pendant une agonie de dix-huit heures.

L'ordre étant rétabli autour de la Commune, Léonard Bourdon m'emmena à la Convention, à laquelle il me présenta et par laquelle furent rendus différens décrets en ma faveur, ainsi que le constatent l'extrait du Moniteur et l'extrait des procès verbaux de la Convention, que je joins ici.

Tels sont, Citoyen Ministre, les événemens du 9 thermidor, dans lesquels j'ai figuré comme acteur ou comme spectateur, et dont plusieurs me semblent dignes d'être consignés dans l'histoire. S'il s'élevait des doutes sur quelques-uns d'entre eux, il suffirait de me les faire connaître : rappelant aussitôt les faits à la mémoire des citoyens qui étaient présens et que je nomme dans ce précis, je suis assuré qu'ils s'empresseraient de les confirmer par des témoignages qui ajouteraient encore à la part que je réclame dans le succès de cette journée.

Paris, ce 30 fructidor an x.

Signé, MÉDA, *chef d'escadron au 7ᵉ. de hussards.*

PIÈCES JUSTIFICATIVES.

N°. Ier.

(Extrait du Moniteur du 12 thermidor an 11)

CONVENTION NATIONALE.

PRÉSIDENCE DE COLLOT-D'HERBOIS.

Suite de la Séance permanente du 9 thermidor.

. . . . , ...
. . . .
. . . .

Léonard Bourdon entre dans la salle au milieu des applaudissemens. Il est accompagné d'un gendarme qu'il demande la permission
de faire monter avec lui à la tribune.

Cette demande lui est accordée.

Léonard Bourdon. Ce brave gendarme que vous voyez ne m'a point
quitté; il a tué deux des conspirateurs de sa main. (*Vifs applaudissemens.*) En sortant d'ici, j'ai été chercher des forces dans les sections des Arcis, des Lombards, des Gravilliers, pour faire le siége de
la Maison commune.

Nous avons débouché par plusieurs colonnes (1). A notre appro-

---

(1) Je dois observer qu'il n'a point été fait plusieurs attaques en même temps
contre la Commune, comme Léonard Bourdon semble vouloir le faire croire dans
son rapport. J'avais eu d'abord l'intention d'en faire trois, ainsi que je l'ai dit dans
ce précis. Je me décidai à n'en faire que deux, lorsque j'eus des renseignemens posi-
tifs sur la situation des conjurés à la Commune ; mais ces deux attaques n'ont point

che, les citoyens égarés ont ouvert les yeux et les traitres ont fui. Nous avons trouvé Robespierre aîné armé d'un couteau que ce brave gendarme lui a arraché. Il a aussi frappé Couthon qui était aussi armé d'un couteau (1). Saint-Just et Lebas sont pris; Dumas et quinze ou vingt autres conspirateurs sont renfermés dans une chambre de la Maison commune qui est bien gardée.

Nous avons chargé trois citoyens, l'un, d'amener ici les conspirateurs; l'autre, de veiller à la caisse; le troisième, de faire des recherches dans la Maison commune pour découvrir les autres conspirateurs qui pourraient s'y être cachés. Il est vraisemblable qu'Henriot s'est échappé, car des citoyens m'ont dit l'avoir vu fuir; mais, comme ils ne connaissaient pas votre décret, ils ne lui ont pas couru sus. Enfin, citoyens, la liberté triomphe, et les conspirateurs vont bientôt paraître à votre barre. (*Non! non!* s'écrie-t-on de toutes parts.)

Voici un portefeuille et des papiers saisis sur Robespierre. Voici aussi une lettre trouvée sur Couthon, et signée Robespierre et Saint-Just; elle est conçue en ces termes :

« Couthon, tous les patriotes sont proscrits; le peuple entier s'est » levé : ce serait le trahir que de ne pas te rendre à la Commune, » où nous sommes. »

Je demande que le président donne l'accolade à ce brave gendarme.

Le président la lui donne au milieu des applaudissemens.

Le président. Je dois dire à la Convention ce que ce brave gen-

---

été exécutées : il n'y en a eu qu'une, attendu que les canonniers qui nous étaient opposés s'étaient déjà réunis à nous avant d'avoir aperçu la colonne du commandant Martin qui venait les prendre en flanc, et que cette colonne ne suivit même pas la direction que je lui avais tracée. Au surplus, il n'est pas bien étonnant que Léonard Bourdon se soit trompé sur ce point, non plus que sur plusieurs autres qu'il a avancés dans son rapport; car il était encore au pont Notre-Dame lorsque j'avais déjà pénétré dans la Commune avec les grenadiers des Gravilliers et frappé Robespierre.   (*Note de l'auteur.*)

(1) Robespierre n'était point armé d'un couteau : il était sans aucune arme dans la position que j'ai décrite dans ce précis, au moment où je le frappai. Quant à Couthon, je ne puis pas affirmer positivement s'il avait ou non un couteau à la main, parce que je ne fis point attention à lui lorsque j'entrai dans le secrétariat, et qu'ensuite je le frappai dans l'obscurité; mais je crois bien qu'il n'en avait pas.   (*Note de l'auteur.*)

darme vient de me dire : « Je n'aime pas le sang; cependant j'aurais désiré verser le sang des Prussiens et des Autrichiens : mais je ne regrette point de ne pas être à l'armée, car j'ai aujourd'hui versé le sang des traîtres (1). » Ce citoyen se nomme Charles-André Méda (2).

La Convention décrète qu'il sera fait mention honorable du dévouement civique de ce citoyen, et charge le comité de salut public de lui donner de l'avancement.

N°. II.

Extrait du Procès verbal de la Convention nationale, des 9 et 10 thermidor an II de la république française.

Séance du 9 thermidor an II.

. . . .
. . . .
. . . .

L'un des représentans nommés pour diriger la force armée rend compte à la Convention que les conspirateurs, forcés dans la Maison commune, sont tués ou pris. Il demande, et la Convention nationale permet que le citoyen Charles-André Méda, gendarme national, qui l'a toujours accompagné pendant sa mission, monte avec lui à la tribune. Il raconte que ce citoyen a été un des premiers à frapper les conspirateurs, et que néanmoins, humain par caractère, il disait après : « Je n'aime pas le sang. J'aurais désiré n'avoir à verser que celui des Prussiens et des Autrichiens; mais je ne regrette pas celui que je viens de répandre : c'était celui des traîtres. »

---

(1) Voir ci-après ces paroles telles que Méda les a prononcées, non pas à la Convention comme le représentant Charlier, qui présidait en ce moment cette assemblée, voulut le lui faire croire, on ne sait pourquoi, mais à la Commune, en présence de Léonard Bourdon et des grenadiers des Gravilliers, lorsqu'il eut frappé Robespierre et Couthon.   (*Note de l'éditeur.*)

(2) Il y a *Médal* au Moniteur par suite d'une erreur typographique; mais dans presque tous les autres journaux du temps, et surtout dans les procès verbaux de la Convention, l'auteur de ce précis est bien désigné sous le nom de Charles-André Méda.   (*Note de l'éditeur.*)

La Convention nationale décrète que mention honorable sera faite au procès verbal des actions et discours de ce bon citoyen dont le nom est proclamé dans son sein, et charge le comité de salut public de lui donner de l'avancement.

. . . .

. . . .

. . . .

La Convention nationale décrète qu'un pistolet trouvé à la Maison commune sera remis au brave Méda (1).

----

(1) Ce pistolet était celui avec lequel Méda avait frappé Robespierre, et qu'il avait jeté pour prendre le second pistolet armé qui lui restait lorsqu'il voulut poursuivre Henriot qu'on lui disait avoir vu se sauver par un escalier dérobé.

Si les écrivains qui ont parlé du 9 thermidor eussent eu connaissance de ce fait, qui n'est consigné ni au Moniteur ni dans aucun des autres journaux du temps, mais seulement dans les procès-verbaux de la Convention, il est à croire qu'ils n'eussent pas nié, comme quelques-uns d'entr'eux l'ont fait, l'action hardie de Méda; car enfin, puisque ce pistolet, trouvé près de Robespierre et déposé sur le bureau de la Convention, fut reconnu pour être un des deux pistolets de calibre appartenant à Méda, et lui fut en conséquence rendu publiquement, il faut bien croire qu'il était à lui. Cependant on pourrait peut-être soutenir, en désespoir de cause, que Robespierre pouvait avoir aussi des pistolets de calibre semblables à ceux de Méda; mais alors il faudrait nous expliquer comment Robespierre avait pu tenir caché sur lui un pistolet de cette force, depuis le matin qu'il était sorti de chez lui pour n'y plus rentrer, sans que personne s'en fût aperçu à la Convention où on l'arrêta avec beaucoup de violence, et où on lui mit plusieurs fois la main sur le corps pour l'empêcher de monter à la tribune : assurément une pareille supposition est inadmissible.

Ces réflexions étaient les seules que nous nous proposions de faire pour éclaircir un point sur lequel la légèreté de quelques écrivains avait jeté des doutes; mais deux circonstances dont nous venons d'être instruit au moment où nous allions livrer cet ouvrage à l'impression nous obligent d'entrer encore dans quelques détails.

Dans ses Esquisses historiques de la révolution française (volume 4, page...), M. Dulaure prétend que c'est Robespierre qui s'est frappé lui-même; l'écrivain qui a rédigé l'article Robespierre dans la Biographie universelle de M. Michaud, prétend aussi la même chose. Le premier de ces écrivains fonde son opinion, à cet égard, sur le témoignage d'un nommé Bochard, concierge de la Maison commune, duquel il résulterait que Robespierre s'est tiré lui-même un coup de pistolet dans la bouche; et le second fonde la sienne sur le rapport du chirurgien qui a pansé la blessure de Robespierre, duquel il résulterait que Robespierre n'a pu être blessé que par lui-même.

Nous avons cherché à voir en entier ces deux déclarations dont les écrivains

Séance du 10 thermidor an II.

(Suite de la Séance permanente du 9.)

. . . .

. . . .

. . . .

« La Convention nationale, sur le rapport qui lui est fait, par un de ses membres, de la conduite du citoyen Charles-André Méda,

---

nommés ci-dessus ne nous ont donné que la substance ; mais nous n'avons pu y parvenir, parce qu'il paraît qu'elles ne se trouvent que dans un seul ouvrage fort rare aujourd'hui et dont la bibliothèque du Roi ne possède même pas d'exemplaire (*le Discours historique de Courtois sur les événemens du 9 thermidor an 2, pour servir de procès-verbal aux séances de la Convention des 8, 9 et 10 thermidor*). Nous nous trouvons donc dans une position très-désavantageuse pour attaquer ces déclarations ; mais cependant nous croyons que ce que nous avons à dire suffira pour en neutraliser tout l'effet, en quelques termes qu'elles soient conçues.

Le concierge Bochard, que l'on est assez étonné de trouver près des conjurés en de pareils momens, dit-il qu'il a vu Robespierre se tirer lui-même un coup de pistolet ? S'il ne le dit pas positivement, sa déclaration ne prouve rien ; et s'il le dit, nous croyons que l'on peut, que l'on doit même, dans le doute résultant de deux déclarations aussi opposées que celles de Méda et de ce concierge, préférer celle qu'un militaire d'une conduite irréprochable a faite le jour même de l'action, qu'il a renouvelée par écrit dix ans après, lorsqu'il était déjà parvenu à un grade élevé dans l'armée, et qu'il n'a jamais faite pendant tout le cours de sa vie consacrée aux plus honorables travaux, sans invoquer le témoignage d'une foule de personnes qui avaient été témoins oculaires de ses actions au 9 thermidor, et dont plusieurs vivent encore aujourd'hui.

Nous pouvons suivre encore la même argumentation relativement au témoignage du chirurgien dont il est question dans la Biographie de M. Michaud. Ce chirurgien dit-il qu'il est impossible que Robespierre ait été frappé par une autre main que par la sienne ? S'il ne le dit pas, sa déclaration ne prouve rien ; et s'il le dit, nous dirons hardiment qu'il a dit une absurdité, car quelle impossibilité y a-t-il à ce qu'un homme qui tire un coup de pistolet à un autre à bout portant, lui casse la mâchoire inférieure ou lui fasse toute autre blessure d'une forme bien plus extraordinaire, lorsqu'on sait que la vue du danger peut faire prendre les positions les plus singulières à l'homme qui est menacé, et lorsqu'on sait d'ailleurs que le moindre obstacle suffit pour faire changer la première direction d'une balle. Il nous semble que s'il y avait quelque chose d'extraordinaire dans tout ceci, ce ne serait pas de concevoir comment Méda, en tirant un coup de pistolet à Robespierre, a pu lui casser la mâchoire inférieure, mais bien plutôt

gendarme national, décrète que mention en sera faite au procès verbal, que son nom sera proclamé au sein de la Convention nationale, et renvoie au comité de salut public, qui demeure chargé de l'avancement de ce bon citoyen.

Visé par l'inspecteur :

Signé, S.-E. Monnel.

Collationné à l'original par nous, secrétaires de la Convention nationale, à Paris, ce 10 thermidor, an 11 de la République française, une et indivisible.

Signé, Levasseur, de la Meurthe; Borie et Portiez, de l'Oise, *secrétaires*.

Collationné et trouvé conforme aux originaux déposés aux archives de la République française, registre A. II., N°. 184, par moi, garde des archives, en foi de quoi j'ai signé et fait apposer le sceau desdites archives. A Paris, le 28 fructidor, an x de la République française.

Pour l'archiviste, absent, en mission,

Signé, Sarthe, *secrétaire général des archives*.

---

de concevoir comment Robespierre a pu se casser la mâchoire inférieure en voulant se brûler la cervelle.

Nous demandons pardon au lecteur d'une explication qui lui paraîtra peut-être un peu longue, d'autant qu'il importe assez peu au fond de savoir si Robespierre a eu ou n'a pas eu le courage de se frapper lui-même; mais nous espérons qu'il nous la pardonnera en raison de la nécessité où nous nous sommes trouvé de justifier de tout soupçon un brave officier qui ne fut pas moins connu pendant sa vie par sa loyauté que par son courage.   (*Note de l'éditeur.*)

FIN.

9 782013 366779